D1399227